LES SUITES

D'UNE

DESTITUTION.

Multis ille bonis flebilis occidit,
Nulli flebilior.

PARIS,

A. EGRON, IMPRIMEUR

DE S. A. R. MONSEIGNEUR, DUC D'ANGOULÊME,

RUE DES NOYERS, N° 37.

JUIN 1824.

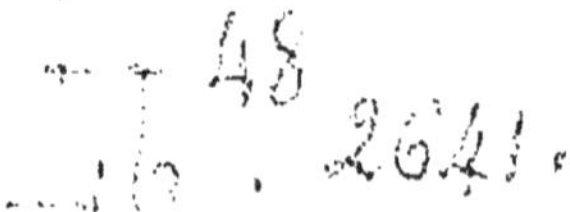

LES SUITES

D'UNE

DESTITUTION.

Les événemens sont si rapides, et nous sommes si légers, que parler encore de la disgrâce de M. de Châteaubriand, ce n'est plus raconter la nouvelle du jour, c'est vouloir ramener à une conversation qui fuit et s'éloigne. Le silence a cessé d'être imposé à la haine. Déjà les courtisans ne se contraignent plus, et les envieux peuvent médire, car ils trouveront à qui parler. Tout Paris s'est fait écrire chez le ministre exilé du château, mais laissé à sa patrie et à ses amis. Cette Charte qu'il avait si loyalement protégée contre les méfiances des honnêtes gens, le protége à son tour. Elle le laisse à ses admirateurs, et comme elle ne le livre pas sans défense à ses ennemis. La politesse est un goût national, et les plus tremblans sont obligés d'y céder ; mais ce devoir de haute élégance une fois accompli, nous ne pouvons nous dispenser du blâme et de la malignité. Je ne viens point contrarier ce plaisir qui ne fait grâce à personne, et se met à la portée de tout le monde. Mais cependant si la retraite d'un seul était le danger de tous, peut-être accorderions-nous à nos impressions généreuses, à nos regrets spontanés, la fixité de la réflexion, l'amertume d'une perte irréparable.

La force de la société est-elle dans les hommes ou dans les doctrines ?

Si les hommes gouvernent un pays que les institutions ne soutiennent point et ne sauraient de long-temps soutenir ; si les réputations rallient les esprits que le défaut de traditions rend nécessairement mobiles ; si les écrits seuls mûrissent un système que le temps n'a pu sanctionner ; si les règles d'administration ne sauraient être encore des maximes transmises ; si tout est viager, dans les mœurs comme dans les lois, tout repose alors sur les hommes qui servent les doctrines, et non sur les doctrines qui servent les hommes ; et dans cet état de choses, toucher à la plus brillante renommée que le royalisme ait créée, n'est-ce pas ébranler le royalisme lui-même ?

Et le royalisme, qui donc sut l'inspirer à la France nouvelle ? Les jeunes gens ne connaissaient pas les Bourbons, que leurs pères pleuraient en secret. Qui nous a rendu l'obéissance facile, le souvenir entraînant ? La gloire de Buonaparte pouvait séduire les imaginations nées sous les regards du soldat conquérant ; l'admiration peut-être l'eût accompagné dans l'exil. Qui nous indigna contre le despote, meurtrier du duc d'Enghien ? Qui nous a tous éclairés, consolés, ranimés, lorsque le *Conservateur* semblait l'unique barrière opposée au libéralisme ? Qui sut, la nuit du 13 février, révéler un héros de plus légué à l'histoire, dans une victime de plus confiée à nos douleurs? *Cet homme présomptueux qui tire ses maximes de ses livres ,* prononça quelques paroles énergiques, et l'étrange sécurité du Ministre favori succomba sous le trait vigoureux de l'écrivain.

La puissance du talent reste à M. de Châteaubriand. Elle a paru bien faible au Ministre actuellement régnant, et il a cru pouvoir l'écarter, sans inquiétude pour lui-même. Il n'a pas tort ; sans doute, M. de Villèle ne fournira pas à M. de Châteaubriand l'occasion de développer une si terrible autorité. Cependant celui que l'on prétend incapable de société et de conseil, ne fut pas toujours inutile à l'homme d'état.

Richelieu portait envie aux réputations littéraires, les flattait, quand il ne pouvait pas les dominer. Mazarin souriait, mais ne punissait pas le génie. Le maître du ministère, le vainqueur (cette expression est en effet consacrée : le bon sens l'a trouvée , et le bon sens, qui se trompe rarement, n'a pas cherché une combinaison politique , un plan mystérieux, dans ce qu'il appelle un choc, un combat), le vainqueur s'appuya de bonne heure sur l'amitié du vaincu. Ce qui manquait à la nouveauté de son nom, il semblait le demander à cette gloire, chère à la France ; et il n'aspirait qu'à l'affaiblir, pour la renverser ensuite plus à son aise. Quelle singulière victoire! Une loi repoussée par ceux même qui veulent conserver le ministre, et par ceux qui veulent conserver la paix. Si seulement les armes de l'heureux champion avaient été courtoises!... *Richelieu n'était pas poli.* C'est possible. Mais les coups d'État du cardinal étaient de l'audace. Ils ne sauraient ressembler à la peur.

Richelieu fut ingrat. On le dit. Mais Richelieu tenait sa fortune de lui seul, il ne devait rien à son parti.

La noble cause de la monarchie constitutionnelle attendait le moment du triomphe que les circonstances, tantôt éloignaient, tantôt rapprochaient, mais que la patience de ses défenseurs ne laissait jamais périr. M. de Villèle, par une sorte d'adoption des hommes les plus honorables du royalisme, reçut enfin le pouvoir, comme une offrande unanime, un dépôt de l'opinion royaliste. L'éclatante retraite de M. de Montmorency ne répandant plus sur le ministère le double appui de sa naissance et de ses vertus, M. de Villèle ne se jugea point assez fort pour marcher tout seul. La guerre d'Espagne exigeait prévoyance et résolution ; le président du Conseil avait eu recours à la finesse, et ses incertitudes l'avaient ébranlé. Pour s'affermir, il fit monter à côté de lui l'imposante renommée de M. de Châteaubriand. Il sentait alors le prix et la valeur des hommes, maintenant il suffit à tout, supplée tout, dirige tout. Richelieu ne faisait pas autrement. Alors, un certain instinct de convenance, ou de conservation, avertissait M. de Villèle que le ministère des royalistes exigeait une illustration. Maintenant l'usage du pouvoir persuade à M. de Villèle qu'il n'a besoin de personne. Richelieu le croyait aussi, mais dès le premier jour.

(9)

*Mais un homme n'est rien ; les doctrines
sont tout.*

Quelles doctrines? celles de M. de Villèle ? Mais il dédaigne les doctrines de
l'auteur de la *Monarchie selon la Charte.*
L'ancien régime ? Pourquoi dissimuler ?
Nous détestons la révolution, et, en 1824,
nous la voyons partout où la Charte n'est
plus. Le ministérialisme ? Effectivement, il
amollissait des consciences modérées , se
jouait des hommes royalistes, chagrinait des
consciences inflexibles, brisait ceux qu'il ne
pouvait flétrir, se cachait sous des promes-
ses, temporisait avec des espérances, lassait
tout le monde, en parlant à tous un langage
doux et cauteleux. Le ministérialisme est
éventé. Sa forme est connue, ses précautions
usées, sa durée assignée. Si ce sont là les
doctrines de M. de Villèle, elles sont souvent
bien gênantes; avec elles, l'on se sauve
d'un piége pour donner contre un écueil.

*Les hommes sont passagers , les doctrines
seules sont immuables.*

Les doctrines sont immuables, quand elles

★

sont réelles; elles sont réelles, quand elles répondent à des sentimens innés, à des intérêts enracinés. Le ministérialisme est un chef-d'œuvre de l'esprit humain, je l'accorderai, si l'on veut; mais l'esprit n'invente pas les sentimens, mais l'esprit ne concilie pas les intérêts. *Les hommes sont passagers.* Qui en doute? Ce ne sont pas les ministres, assurément. Car alors, pourquoi perdre le temps à prévenir leur chute, à rassurer leurs partisans, à diviser leurs adversaires? *Le pouvoir aveugle.* Si cette idée était complétement vraie, ou complétement fausse, nous nous en trouverions mieux. Quelque courte que soit la vie ministérielle, les ministres ne sont jamais assez défians, pour se regarder sans cesse en péril; jamais assez rassurés, pour ne songer qu'à l'intérêt général, de telle sorte que leur prudence retarde le mouvement, leur présomption compromet les affaires. L'une compte sur le lendemain; l'autre consume chaque jour.

Un ministre est fortement établi, parce qu'il représente une opinion puissante, et parce

que cette opinion n'est jugée par nul autre
mieux représentée que par lui. La faveur du
Prince est fragile, dans une monarchie as-
sistée de deux Chambres.

M. de Villèle représente-t-il une opinion
puissante? ou, en d'autres termes, la majorité de la Chambre est-elle réelle ?

Jamais peut-être, même en pensant à
1815, la nation ne fut plus sincèrement représentée. Les élections n'ont pas été trop
abandonnées à elles-mêmes; mais, au creu-
set de l'élection, si l'on peut s'exprimer
ainsi, les choix obtenus garantissent l'indé-
pendance et la loyauté des mandataires de
1824. Si le ministère a écarté des noms con-
nus, il n'a pu éviter des hommes nouveaux,
qui n'iraient pas, de plein gré, perdre dans
l'oubli et la complaisance la dignité de leur
caractère, tarir dans d'obséquieuses condes-
cendances les sources pures de leur considé-
ration personnelle. Jamais, peut-être, les vertus privées, les qualités morales, les dévoû-
mens modestes à son pays, à ses concitoyens,
à sa communauté, ne présentèrent de plus

parfaits modèles. Les députés de 1824 sont religieux et fidèles, autant que pouvaient l'être les députés de 1815. Ils se souviennent que l'on reprochait à ceux-ci la vivacité d'un zèle prématuré, et, craignant de paraître trop pressés d'agir, ils n'osent rien faire, ils se confient à un seul homme. On dirait, à voir leur docilité, qu'ils sont gagnés; à considérer leur loyauté, qu'ils sont imprenables. Cette contradiction est apparente. La majorité de la Chambre est attentive, irrésolue, et de peur de retarder le succès des doctrines qu'elle aime, elle ne veut rien déranger, rien déplacer. Elle ne voit qu'une seule chose : un ministère royaliste, pour avoir des institutions royalistes. La septennalité est un lit de repos; les ministres l'ont imaginée; mais les députés ont vu dans cet accroissement de pouvoir un engagement plus solennel de donner à la France les libertés qu'elle réclame. Mais on ne fait rien sans un ministère royaliste, et la majorité de la Chambre craint tellement de nuire à nos destinées, qu'un seul homme conservé, elle ne convient pas que le royalisme du ministère soit affaibli. Elle refuse de prendre part à l'action souveraine du président du conseil. Dans l'usage légitime de son intervention elle craint l'abus, et proclame qu'un changement de personnes est un simple déplacement d'individus. Cette conduite mesurée justifie la timide expression de ses regrets.

Mais que promettent à M. de Villèle ces dispositions favorables? Tout, s'il se montre royaliste, comme on devait s'y attendre; rien, si ses actes démentent sa réputation et trahissent un but contraire, des desseins équivoques. La majorité se repose sur la foi des anciennes garanties; elle est confiante, parce qu'elle est accoutumée à mêler le nom de M. de Villèle avec tout ce que renfermaient de bons désirs, de projets sages, de plans utiles, de résolutions durables, les discours, les écrits, les vœux des royalistes, quand ils avaient assez de loisir pour s'opposer à la dangereuse influence des ministères passés. La majorité n'est pas en-

vieuse. Gardez votre portefeuille, semble-
t-elle dire; vous êtes là, restez-y. vous
plutôt qu'un autre, si vous faites bien; mais
tout autre plutôt que vous, si vous faites
mal.

Mais M. de Villèle est royaliste.

On est royaliste de bien des manières;
mais un ministre ne doit compte que de ses
paroles et de ses actes.

Dans ses actes? M. de Montmorency l'é-
blouissait; la franchise de M. de Bellune
l'impatientait; les louanges distribuées à
M. de Châteaubriand le blessaient; la guerre
d'Espagne ne le séduisait pas; les émigrés le
touchent peu, quand il ne dépouille plus
les rentiers, la liberté de la tribune le fa-
tigue, et ses lèvres, obstinément fermées,
se refusent aux explications importunes.

Mais, pour gouverner, il faut de temps en
temps destituer; pour administrer, il faut de
temps à autre garder le silence.

Dans ses paroles? Un ministre a deux paroles; la sienne et la parole des journaux.
M. de Villèle n'a pas dit à la tribune : *Je suis*

royaliste. Plus heureux que ses prédéces-
seurs, il a témoigné de son royalisme, quand
il n'avait pas de responsabilité à craindre. Il
vit sur le passé, les Chambres aussi; mais
M. de Villèle est-il le même? Veut-il être
le même? Les Chambres ne seront pas faci-
lement désabusées; mais si l'illusion des pre-
mières affections préserve M. de Villèle
d'une ruine soudaine, la révélation d'une
confiance mal établie ne lui laisserait au-
cune ressource dans un repentir tardif, fût-
il même de bonne foi?

La parole des journaux? Mais si l'on
achète ceux qui tombent, si l'on étouffe
ceux qui se relèvent, si les journaux tombés
étaient royalistes, si les journaux étouffés
allaient être royalistes, M. de Villèle juge
donc à propos de ne rien dire, par l'entre-
mise constitutionnelle des journaux.

*Il ne s'occupe pas de ces détails, et d'ail-
leurs, moins il y a de journaux, plus on les lit.*

La liberté de la presse est dans les journaux. Les comprimer tous, c'est anéantir la
liberté de la presse; si l'un, par hasard, est

mort, l'autre, par accident, malade, qu'importe à M. de Villèle? Mais si le plan est dressé, si les mesures sont prises, si tous doivent périr, M. le Président du Conseil est coupable de négligence, ou de fausseté : de négligence, s'il l'ignorait ; de fausseté, s'il le permettait : car, sans journaux, point de liberté usuelle et pratique de la presse ; sans liberté de la presse, censure moralement rétablie, et avec la censure, mensonge dans les paroles personnelles de M. de Villèle ; car il s'est vanté de l'avoir supprimée, il a repoussé avec dédain ce vil instrument ministériel.

Mais nous avons encore des journaux. Un journal est une vérité pour chaque opinion, mais s'il est soupçonné de corruption, il fait des dupes quelques jours, et bientôt il n'est plus.

Dans le naufrage des journaux royalistes, deux ont échappé. M. de Villèle n'était pas maltraité dans l'un, il s'est effrayé de l'autre. L'un s'est détaché de son influence, l'autre est lié par ses agens. L'un représente les opinions royalistes , telles que la *Monarchie de la Charte* les a modifiées , les opinions religieuses, telles que la philosophie du siècle, épurée par les malheurs de la révolution, les a comprises et adoptées. L'autre servait la royauté, dans ce qu'elle a d'impérissable, la religion dans toute la gravité de son auguste origine, dans ses regrets qui la consolent de ses pertes, dans ses vœux qui la dédommagent de ses sacrifices. L'un est l'œuvre habilement combinée d'hommes supérieurs et de longue expérience, qui, réunis dans des circonstances difficiles , sous des censeurs tyrans et soupçonneux, n'ont jamais transigé sur les principes d'ordre public, n'ont point adouci les leçons sévères d'une morale éclairée, d'un goût sûr et délicat. L'autre était la création, la gloire, le patrimoine d'un seul homme invariable comme la vérité qu'il publiait. Les royalistes le chérissent, la révolution le condamne deux fois à mort, l'empire le proscrit, la restauration l'applaudit dans la Chambre de 1815, M. de Cazes le respecte, M. de Villèle ne le défend pas. On tente la médiocrité de sa fortune, et son cœur, riche de noblesse et de désintéressement, humilie ceux qui voulaient le corrompre. On le menace, il gémit, mais n'est pas abattu. Son domicile est violé; l'autorité publique apparaît, et les soldats du Roi sont requis de le tourmenter et de le dépouiller. Il est chassé de ce lieu où tout respirait par lui. Son journal est livré, sa personne outragée. Qui donc le persécute? Ce n'est pas M. de Villèle. Il s'amuse bien à ces misérables démêlés. Qui donc le protége? Ce n'est pas un ministre royaliste? Que fait-il donc de mieux?

L'opinion royaliste, dont ce journal était le digne et respectable interprète, est blessée dans cette odieuse persécution. M. de Villèle ne croit pas nécessaire de la ménager, sans doute.

L'opinion royaliste, servie dans ses goûts par le *Journal des Débats,* censure M. de Villèle.

Quelle opinion royaliste plaît à M. de Villèle?

Quelle opinion royaliste soutiendra M. de Villèle ?

Cependant le mécontentement ne fera pas une prompte justice du despotisme. Les opinions n'ont plus cette ardeur, cette activité qui réveille les âmes, et maintient l'esprit public. Le libéralisme écoute, et joue l'indifférence. Le royalisme est calme, et ne se méfie pas du présent. Tout est tranquille, mais aussi rien n'est préparé à l'attaque. Tout est souple, et rien n'est vigilant. Les Chambres sont pleines d'égards et de procédés ; les journaux sont achetés ou irrités, l'opinion publique sans guide et sans organe.

Le gouvernement représentatif sommeille, les royalistes se lassent de reprendre et de surveiller, et le ministère seconde cette inertie momentanée. Il ne s'endort pas, mais il énerve ceux qui se reposent. Nous présentons l'affligeant spectacle d'une nation qui se dégoûte du bien, quand elle peut l'atteindre ; les obstacles sont ôtés, et l'ouvrage demeure suspendu. Les factions, les partis, les associations, les réunions, tout est épuisé. Les sentimens royalistes sont confondus dans les places, les honneurs, les distinctions, les survivances chez les uns, qui s'applaudissent, en attribuant aux autres des prétentions, des ambitions rentrées, des exagérations ridicules, des plaintes intéressées. Les ministres ne sont pas loués avec franchise, et l'on écoute faiblement ceux qui les critiquent. La vie politique semble retirée du milieu de nous. A qui la faute?... Et certes, un ministère royaliste, dont la marche n'était plus entravée, funeste au royalisme qu'il éteint, perfide aux principes qu'il avait mission de défendre, mortel au gouvernement représentatif qu'il paralyse, injuste envers les hommes royalistes qu'il abreuve de chagrins, mérite bien qu'on l'observe de près; et la témérité n'est pas à celui qui donne un avertissement salutaire.

Paris, de l'Imprimerie d'A. ÉGRON, rue des Noyers, n° 37.